Meine liebsten

Gutenacht

Geschichten

Inhaltsverzeichnis

Fuchs und Maus

„Füchschen", sagt die Fuchsmama,
„Hör mir zu und lass dir sagen:
Mäuse sind zum Fressen da,
Die gehören in den Magen!
Darum sei ein braves Kind
Und friss deine Maus geschwind!"

Ängstlich sah die kleine Maus
Zu dem kleinen Fuchs hinüber.
Ach, gleich ist mein Leben aus!,
Dachte sie und rief: „Mein lieber
Kleiner Fuchs, ich bitte dich:
Sei so gut und friss mich nicht!"

„Komm!", rief da das Fuchskind schnell,
„Komm, solange Mama wegsieht!
Schnell, setz dich hier auf mein Fell
Und dann raus, bevor sie's mitkriegt!
Nichts wie los, ganz still und leise
Machen wir uns auf die Reise!"

Und so rettete der Fuchs
Unserer kleinen Maus das Leben.
Leise, ohne einen Mucks
Schlichen sie davon soeben.
Und im Wald, da sieht man nun,
Fuchs und Maus zusammen ruhn.

Eine Sandburg für alle

Melanie und Kai machen mit ihren Eltern Urlaub in Italien. Sie waren schon früh munter und frühstückten. Kai schaufelte sich sein Müsli in den Mund, als wäre er ein Schaufelbagger. „Ws mchn wü hte?", nuschelte er dabei und sah seinen Papa an. „Moni!", rief Papa ganz laut, „komm schnell! Ich glaube unser Sohn hat über Nacht seine Sprache verloren. Er spricht kein Deutsch mehr. Ich kann ihn jedenfalls nicht richtig verstehen!" Kai wollte sich beschweren, aber sein Mund war viel zu voll. Mama war inzwischen auch dazugekommen. Sie sah Papa an und sagte: „Ganz ruhig, mein Lieber. Ich glaube, der Zauber wirkt nicht mehr lange. Versuch es noch mal, Kai. Was wolltest du sagen?" Kai schluckte die letzten Müslireste hinunter und sagte grinsend: „Ihr seid sehr witzig! Was machen wir denn heute?" – „Ich möchte gerne an den Strand, das Wetter ist so schön!", schlug Mama vor. „Habt ihr nicht auch Lust darauf?" – „Wenn du willst, will ich auch", sagte Papa, „und ihr Kinder?" Da riefen Kai und seine Schwester Melanie gleichzeitig: „Ich will!" Die Sachen hatten sie bald gepackt: Luftmatratzen, Handtücher, Sonnenmilch und eine Riesenschaufel zum Burgenbauen. Es dauerte gar nicht lange, da waren alle am Strand.

Mama lag unter einem bunten Sonnenschirm und las ein Buch. Papa und die Kinder fingen schon mal an, eine Sandburg zu bauen. Das machte ihnen Spaß: Kai sammelte Muscheln als Schmuck für die Burg. Melanie und Papa bauten um Mama herum einen großen, kreisrunden Wall. Darauf wurden dann noch Sandtürme gesetzt.

Anschließend legten sie mit Muscheln die tollsten Muster. Und am Ende saßen alle zusammen stolz in ihrer Sandburg. Die Kinder wollten gar nicht mehr weg vom Strand. Abends im Bett hatten Kai und Melanie richtigen Muskelkater. Kai war total müde und Melanie stöhnte: „War das anstrengend heute!" Dann sagte sie zu ihrer Mama: „Aber trotzdem. Morgen würde ich das sofort wieder machen!" Und dann schliefen die beiden ein und träumten von riesigen Sandburgen und von Tausenden Muscheln.

Der Traumkater

Wenn du schläfst,
Pirscht sich der Traumkater an:
Schnurrt dir Träume ins Ohr,
Die man anfassen kann.
Träumt dir Berge aus Popcorn,
Einen Fluss voll Kakao.
Macht mit dir eine Reise
Bis ins Land der Mondenfrau.

Wenn du schläfst,
Schnurrt der Traumkater Lieder dir vor:
Von der Stadt in den Wolken
Mit dem Edelsteintor.
Von den Feen, die dort wohnen,
Vom geflügelten Pferd,
Das dich abholt zur Stadt
Und zurückbringt zur Erd'.

11

Wenn du schläfst,
Lacht der Traumkater fröhlich und ruft:
„Komm mit mir,
Lass uns fliegen ganz hoch in die Luft!

Bis hinauf in den Himmel,
Einmal rund um die Welt.
Und wir halten dort an,
Wo es uns gut gefällt!"

Wenn du schläfst,
Ruft der Traumkater dich zu sich her,
Nimmt dich mit auf die Reise übers Kindertraummeer.
Zeigt dir Drachen und Wale und ein Seeräuberschiff,
Zeigt dir knallbunte Fische im Korallenmeerriff.

Wenn du schläfst
Kommst du sogar ins Traumkaterland.
Alle freuen sich sehr, du bist jedem bekannt.
Und sie rufen dir zu: „Schön, dich wiederzusehn!
Bleib nur recht lang bei uns,
Denn mit dir ist es schön!"

Wenn du schläfst,
Zeigt der Traumkater dir wunderbar:
Alle Träume sind echt
Und die Märchen sind wahr!
Du triffst Rotkäppchen,
Wanderst mit Riesen ein Stück,
Siehst Schneewittchen,
Die Geißlein und auch Hans im Glück.

Drum sei leise, der Traumkater ist furchtbar scheu.
Bist du wach, bleibt er fern.
Darum schlaf schnell und freu
Dich auf die bunten Träume.
Mach die Augen schnell zu
Dann kommt er gesprungen,
Und legt sich mit dir zur Ruh.

Der Lieblingstraum

Die kleine Miriam ging gerne ins Bett. Dort lag ein großes Kopfkissen und darauf ihre Lieblingspuppe Franzi. Meist erzählte sie ihrer Puppe Franzi, was sie tagsüber alles gemacht hatte, und bald war sie eingeschlafen. Oft träumte Miriam von aufregenden Abenteuern. Ihr ganz besonderer Lieblingstraum war, dass sie fliegen konnte. Dazu brauchte sie nicht einmal Flügel. Sie stand einfach da, schlug mit ihren Armen auf und ab und stieg langsam hoch in die Luft. Es war ein herrliches Gefühl. Leise schwebte sie über Wälder, Täler und Seen. Wenn sie etwas genauer sehen wollte, schlug sie langsamer mit den Armen, und schon sank sie tiefer. Und wenn sie höher fliegen wollte, brauchte sie nur schneller zu schlagen. In einer Nacht flog sie durch ein Gebirge, in der nächsten an einem breiten Fluss entlang. Sie konnte es nicht bestimmen. Der Traum kam einfach. Seltsam war, dass dieser Traum vom Fliegen nur dann kam, wenn sie vor dem Einschlafen nicht daran dachte. Sobald sie sich den Flugtraum wünschte, klappte es ganz bestimmt nicht. Auch dann nicht, wenn sie so tat, als würde sie gar nicht an ihn denken. Aber jedes Mal wenn Miriam ihn geträumt hatte, wachte sie am nächsten Morgen ganz besonders glücklich auf.

15

Leon und der Schulranzen

Es war eine Woche vor den Sommerferien. Die großen Kinder kamen nach den Ferien in die Schule. Deshalb gab es auch nur ein wichtiges Thema im Kindergarten: Schulranzen! Wer bekommt welchen und vor allem wann?

Peggie, die Schildkröte, wünschte sich einen knallroten Schulranzen. Sie fand, das würde gut zu ihrem grünen Panzer passen. Gerhard, der Puma, hatte schon einen geschenkt bekommen. Einen schwarzgelb gestreiften. Dieser machte ihn seiner Meinung nach ein bisschen zum Tiger. Alle Kinder hatten entweder schon einen Schulranzen oder sie wussten ganz genau, welchen sie sich wünschten.

Nur Leon, das Kamel, war ganz verzweifelt. Einmal fragte sein Freund Paul ihn: „Was für einen Schulranzen wünschst du dir eigentlich, Leon?" Und da fing Leon an zu weinen. Er schluchzte: „Auf meinem Rücken kann ich keinen Schulranzen tragen! Ich habe doch die beiden Höcker dort." Und alle anderen Kinder verstanden sofort, warum Leon so traurig war. Auf seinem Rücken war einfach kein Platz für einen Schulranzen.

Also setzten sich die Kinder zusammen und überlegten. Markus, der Maulwurf, schlug vor: „Leon, nimm doch einfach einen Rucksack mit in die Schule." Aber da fing Leon noch lauter an zu schluchzen. Er wollte doch so gerne einen richtigen Schulranzen haben – wie alle anderen Kinder auch.

Nach langem Überlegen hatte schließlich Stefanie, die Löwin, eine Idee: „Meine Mama kann richtig gut nähen", sagte sie. „Sie könnte einfach an die Schultergurte von Leons Schulranzen ein stabiles Gummiband annähen. Dann sind die Gurte so lang, dass du den Ranzen nicht auf deinen Schultern tragen musst. So kannst du ihn ganz einfach an deinen beiden großen Höckern festmachen."

Die Idee fanden alle toll, vor allem Leon. Er bekam das Strahlen kaum noch aus dem Gesicht.

Leon wollte es am liebsten gleich seinen Großeltern erzählen. Die hatten nämlich versprochen, ihm einen Schulranzen zu schenken. Aber Leon musste noch warten, bis er aus dem Kindergarten abgeholt wurde. Als er dann nachmittags endlich zu Hause war, lief er rasch in das Haus seiner Großeltern. Leons Oma und sein Opa sahen sofort, wie aufgeregt Leon war und wie sehr er sich freute. Darum gingen sie gleich mit Leon einen Schulranzen kaufen. Im Kaufhaus gab es ganz viele verschiedene Schulranzen. Leon konnte sich gar nicht entscheiden. Er fand alle Schulranzen toll. Er wollte den grünen haben, er wollte den blauen, er mochte auch den roten – und den orangefarbenen fand er sowieso wunderbar. Doch dann sah er einen besonderen Schulranzen. Der war es! Er war gelb und hintendrauf war ein großer Fußball. Leon spielte ja so gerne Fußball. Also kauften Leons Großeltern ihm den Schulranzen.

Auf dem Nachhauseweg kamen sie an Stefanies Haus vorbei. Sie klingelten und gaben der Löwenmutter den gelben Schulranzen. Sie wusste schon, was zu tun war. Also nähte sie umgehend die Gummibänder an die Tragegurte des Ranzens.

Und dann kam der große Moment: Stefanies Mutter war fertig. Leon konnte den Schulranzen jetzt anprobieren. Ein bisschen Angst hatte Leon schon – ob der neue Schulranzen wohl passen würde?

Leon zog ihn gleich auf. Die Gurte passten wie ange-
gossen an seinen Höckern. Sein Schulranzen saß sicher und fest dazwischen. Und bequem fand Leon es
auch. Er war so stolz, dass er den Ranzen am liebsten
nie wieder abgelegt hätte.

Aber abends, vor dem Schlafengehen, nahm er ihn
dann doch ab. Er legte ihn neben sein Bett, sodass er
ihn sehen konnte. Und kaum war Leon eingeschlafen,
träumte er, er wäre schon ein richtiges Schulkind und
hätte seinen gelben Ranzen auf dem Rücken …

Kuno, der Zwerg

Es war einmal ein kleiner Zwerg namens Kuno. Er lebte ganz allein in einem großen Pilz. Kuno hatte keine Freunde. So gern hätte er mit anderen Zwergen, Kindern oder Tieren gespielt. Doch der kleine Zwerg war ganz schüchtern und traute sich nicht, sie zu fragen. Und so blieb er einsam. Aber zum Glück hatte er ja ganz viele Bilderbücher. Die las er sich immer laut vor und sah sich die Bilder an. Das machte Kuno glücklich.

Eines Abends, als er vor seinem Pilzhaus saß und in einem Buch las, hörte er ein komisches Geräusch: ein leises Schaben und Trappeln und Rascheln ... Kuno hörte auf zu lesen und sah nach, woher das Geräusch kam. Aber da war nichts zu sehen! Das war dem kleinen Zwerg unheimlich. Was war da los? Und als er weiterlas, da ging es wieder los: Schaben, trappeln, rascheln ... Schnell ließ Kuno sein Buch fallen und sprang in die Richtung, aus der das Geräusch kam. Wieder war nichts zu sehen! Kuno wollte sich schon wieder aufrichten, als er eine ganz piepsige Stimme direkt unter sich hörte: „Lass das, du Riesenzwerg, geh sofort von mir runter!" Ganz vorsichtig stand Kuno auf – da sah er einen winzig kleinen Wurm, der ihn ganz wütend anstarrte. „Und", schrie der kleine

Wurm, „jetzt fühlst du dich wohl stark, was? Kleine Würmer zerquetschen, das kannst du, du Schuft!" Kuno staunte nicht schlecht: Da lag ein kleiner Wurm und schimpfte ihn aus. „Was machst du denn hier?", fragte Kuno völlig verdattert. „Warum schleichst du dich so an mich ran?" Aber der Wurm wurde schon wieder wütend: „Ich schleiche gar nicht, ich krieche! Würmer kriechen nun mal, du oberschlauer Riesenzwerg! Ich bin nur hier, weil ich so gern Geschichten höre! Du liest hier doch jeden Tag laut Geschichten vor! Da krieche ich immer her und höre dir zu!" Kuno war ganz erstaunt und freute sich. Das hatte er gar nicht gemerkt. Wie schön, wenn jemand ihm gern zuhörte, dann war er ja gar nicht mehr alleine! „Schön", sagte er deshalb, „du kannst gern zuhören, darüber freue ich mich! Jetzt geh ich ins Bett, kommst du morgen wieder?" – „Klar, gerne!", sagte der Wurm. Froh ging Kuno ins Bett.

Am nächsten Abend saß der Zwerg schon früh mit einem seiner Bilderbücher vor dem Pilz. Und da war auch der kleine Wurm! Ganz stolz fing Kuno an, die erste Geschichte vorzulesen. Plötzlich hörte er wieder Geräusche: knister, knaster, raschel, knack, kratz und knispel … Nein, der Wurm war das nicht. Der saß ganz ruhig da und wartete, bis die Geschichte endlich weiterging. Kuno sah sich um, aber da war niemand. Und als er weiterlas, da ging es wieder los: knister, raschel, kratz und knispel … Das Geräusch kam von hinten! Und als Kuno sich blitzschnell umdrehte, sah er gerade noch einen Mäuseschwanz hinter einer Blume verschwinden. „Komm raus da, warum versteckst du dich?", rief er. Und hinter der Blume erschienen zwei Mäuse. „Wir haben uns angeschlichen, weil wir so gern deine Geschichten hören!", hauchte das Mäusemädchen. Und der Mäusejunge sagte: „Du kannst so schön vorlesen!" – „Na", sagte Kuno, „dann setzt euch doch zu uns!" – „Ja, los!", rief der Wurm, „aber schnell, ich will die Geschichte jetzt weiterhören!"

Und als Kuno, der kleine Zwerg, sich setzte und gerade den nächsten Satz gelesen hatte, da ging es doch schon wieder los: schnüffel, schnupper, schnauf ... machte es von hinten und die Mäusekinder sprangen mit einem Satz hinter das Pilzhaus. Kuno sah sich erneut um: Vor ihm stand ein Igel. Mit seiner schwarzen Igelnase schnüffelte er in der Luft herum. „Ich rieche hier Geschichten!", sagte der Igel. „Kann ich auch zuhören?" – „Klar", sagte Kuno und dachte bei sich froh: Zuerst war ich ganz einsam, und jetzt habe ich ganz viele Freunde!

Ab diesem Tag gab es auf der Märchenwiese unter dem Pilz Lesestunden. Jeden Abend kamen mehr Tiere, und Kuno wurde ein sehr glücklicher Zwerg.
Also, wenn du heute irgendetwas rascheln hörst oder schnüffeln oder knispeln und kratzen: Mach dir keine Sorgen! Das ist bestimmt nur eine kleine Maus, die auch einmal eine Gutenachtgeschichte hören möchte.

Willi in der Stadt

Einmal ging der kleine Dinosaurier Willi spazieren. Er lief so weit, wie er noch nie zuvor gelaufen war. Er ging an zwei großen Meeren und an zwölf großen Bergen vorbei. Dann sah er eine Stadt vor sich. Das fand er richtig spannend: Überall Häuser, überall Menschen und so merkwürdige Kisten, die sich auf vier Rädern sehr schnell und teilweise laut durch die Stadt bewegten.

Der kleine Dinosaurier hatte nach der langen Wanderung großen Hunger bekommen. Darum ging er zu einem Haus, aus dem ein sehr verlockender Geruch kam. Willi war aber so groß, dass er nicht durch die Tür passte. Also schaute er in das Haus hinein. „Hilfe, ein Dinosaurier!" – „Auweia, ein Saurier!" – „Der will uns bestimmt fressen!" – „Los, alle raus aus der Bäckerei!", schrien die Menschen in dem Haus laut durcheinander. Sie rannten aus der Bäckerei heraus. Der kleine Dinosaurier wunderte sich ein bisschen, dass die Menschen Angst vor ihm hatten. Er wollte doch niemandem etwas tun. Er hatte schließlich noch nie jemandem etwas getan. Warum auch?

Erst einmal nahm er sich zwei Brote aus der Bäckerei und aß sie auf. Hmm – das tat gut!

Dann drehte er sich zu den Menschen um. Er wollte

ihnen sagen, dass er der friedlichste Dinosaurier der Welt war. Aber kaum hatte er sich zu ihnen umgedreht, rannten sie wieder laut schreiend vor ihm weg. Nur zwei Kinder blieben stehen und schauten neugierig. Sie hatten schließlich noch nie einen echten Dinosaurier gesehen. „Ich dachte, Dinosaurier gibt es schon seit Millionen Jahren nicht mehr. Wo kommst du denn her?", fragte Marie. Sie war das größere der beiden Kinder. „Ich komme von ganz weit weg. Hinter zwei großen Meeren und zwölf hohen Bergen wohne ich mit meiner Familie in einem riesigen Wald", sagte Willi. Noch nie war er sich so groß vorgekommen, wie hier bei den Menschen. Denn alle Leute waren viel kleiner als er. Zu Hause war er immer der Kleinste.

„Guck mal, ich wohne dahinten in dem gelben Haus mit dem roten Dach. Genau da oben, wo das Fenster offen steht", erzählte Johannes. Er war der kleinere der beiden. „Das ist aber ein schönes Haus. Ich wohne in einer Höhle. Die ist sehr gemütlich. Und sie ist sehr groß." Und so plauderten die drei munter weiter. Sie hatten schnell die Menschen rundherum vergessen und erzählten sich alles, was ihnen gerade einfiel.

Plötzlich kam mit einem lauten Tatütata ein Polizeiwagen um die Ecke gebraust. Der Wachtmeister rief durch sein Megafon: „Kinder, geht von dem Dinosaurier weg. Der will euch bestimmt fressen!" Und zu dem kleinen Dinosaurier rief er: „Nehmen Sie lang-

sam die Hände hoch und bewegen Sie sich nicht! Dann
geschieht Ihnen nichts! Ihnen wird zur Last gelegt, Sie
hätten zwei Brote gestohlen."

„Gestohlen?", fragte Willi die beiden Kinder. „Was
heißt das?" Marie und Johannes erklärten es ihm.
„Da, wo ich herkomme, gibt es kein Geld. Dort
pflückt man sich sein Essen vom Baum oder man an-
gelt es aus dem Wasser", erzählte er den Kindern. Johannes und Marie wollten dem Dinosaurier helfen
und durchsuchten ihre Taschen. Sie hatten noch genug Taschengeld dabei. Johannes ging hinüber zum
Wachtmeister und gab ihm das Geld für die beiden
Brote. „Los, Junge, komm hier in das Auto. Da bist
du sicher", sagte einer der Polizisten. „Aber der Dino-

saurier tut doch keinem was!", erklärte Johannes den Polizisten. „Er hat einen langen Spaziergang gemacht. Er will sich hier nur ausruhen und geht dann wieder nach Hause", sagte Johannes. Die Polizisten beruhigten sich: „Also gut, wir geben dem Dinosaurier dreißig Minuten Zeit. Wenn er dann nicht weg ist, nehmen wir ihn fest", sagte der eine Polizist. Dabei wusste er gar nicht, wie man einen so großen Dinosaurier eigentlich festnehmen sollte.

Johannes, Marie und Willi verabschiedeten sich voneinander. Sie verabredeten, dass sie sich das nächste Mal besser außerhalb der Stadt treffen würden. Dann müsste sich niemand erschrecken und auch die Polizei würde nicht versuchen, den kleinen Dinosaurier zu verhaften. Die Kinder kauften Willi von ihrem allerletzten Taschengeld noch zwei Brote für unterwegs. Danach verabschiedeten sich die drei voneinander. Willi wanderte wieder an zwölf hohen Bergen und zwei großen Meeren vorbei. Dann war er zu Hause. Dort erzählte er seiner Familie von dem Abenteuer. Er berichtete von seinen neuen Freunden Marie und Johannes. Und während der kleine Dinosaurier erzählte und erzählte, schlief er ein – so müde war er von seiner langen Reise.

Nachts im Wald

Der Waldschrat Bruno schlief bei Fips, dem Eichhörnchen, im Nest. Plötzlich weckte ihn ein seltsames Geräusch. „Schuhuu, schuhuu!", machte es. Und noch einmal: „Schuhuu, schuhuu!" Ängstlich klammerte er sich an Fips. Bruno kannte das Geräusch nicht.

Dann nahm er seinen ganzen Mut zusammen und kletterte aus dem Nest. Er lief vorsichtig den Ast entlang. Da sah er zwei große, gelbe Augen. „Hilfe!", schrie Bruno. Doch niemand hörte ihn. Die seltsame Gestalt saß direkt vor ihm. Sie bewegte sich. Sie war riesig und schien hellwach zu sein. Bruno erkannte einen großen Schnabel. Das Tier wippte unruhig hin und her. Hoffentlich frisst es mich nicht auf!, dachte der kleine Waldschrat.

Da kam Fips angesprungen. Brunos Ruf hatte ihn aufgeweckt. „Was machst du denn für einen Lärm, Bruno? Das ist doch nur Hedwig. Sie ist eine Waldeule. Sie jagt immer nachts. Keine Angst, sie tut dir nichts. Komm mit ins Nest!", sagte Fips.

Bruno lief mit Fips zurück. Er kuschelte sich neben ihn. Irgendwann schlief Bruno wieder ein. Und dann träumte er die ganze Nacht von Hedwig, der Waldeule.

Wievielmal schlafen?

Pauline lag abends im Bett und war wahnsinnig aufgeregt. Sie überlegte, was sie sich zum nächsten Weihnachtsfest alles wünschen würde. Auf jeden Fall wollte sie diese eine Puppe haben. Die Puppe, die so lustig die Augen drehen konnte. Und dann brauchte sie ja auch noch einen neuen Fahrradhelm. So einen roten mit einem Bären vorne drauf. Außerdem hätte sie gerne eine neue Haarspange und neue Turnschuhe und ein echtes Hundebaby.

In diesem Moment kam Paulines Mama ins Zimmer. „Mama, Mama, wenn ich doch nur schon schreiben könnte! Dann würde ich dem Weihnachtsmann alle meine Wünsche aufschreiben." Paulines Mama schaute verwundert und antwortete: „Aber Pauline, bis nächstes Weihnachten dauert es doch noch eine ganze Weile." – „Wievielmal schlafen?", wollte Pauline wissen. „Du musst noch genau 360-mal schlafen und dann ist wieder Weihnachten. Schließlich war erst vor ein paar Tagen Heiligabend", sagte ihre Mama.

Mit dieser Antwort konnte sich Pauline nicht so recht anfreunden. Sie hatte nämlich schon jetzt richtig Lust auf Weihnachten. Da gab es immer leckere Kekse und viele Geschenke. Und Oma und Opa kamen auch immer zu Besuch.

Ihre Mama sah, wie Pauline ein wenig traurig wurde. Darum erzählte sie ihr die Gutenachtgeschichte mit dem Osterhasen. Pauline hörte gespannt zu. Und als sie schon ganz müde war, fragte sie: „Wievielmal schlafen, bis der Osterhase kommt?" – „Weniger als 100-mal", antwortete ihre Mama.
Und kurz darauf schlief Pauline tief und fest und träumte vom Osterhasen.

Papa Hase

Papa Hase liest heut wieder
Gutenachtgeschichten vor.
Müdigkeit fährt in die Glieder,
Schnarchgeräusche hört das Ohr.

Doch ist es nicht das Kind gewesen,
Das hier schläft in sanfter Ruh.
Dem Papa fielen beim Vorlesen
Einfach die Augen zu.

Der kleine Ausreißer

Brumm war gar nicht müde. Kein bisschen. Aber sein Bärenpapa brummte nur: „Ab ins Bett, kleiner Bär!" Und seine Bärenmama nahm ihn ganz vorsichtig mit ihrem großen Maul am Nackenfell und trug ihn sanft zu seinem gemütlichen Schlafplatz in der Bärenhöhle. Dort gab sie ihm noch einen dicken Bärenkuss – dabei schleckt man sich ganz sanft über die Nase und das Gesicht – und flüsterte ihm zu: „Schlaf schön, mein kleiner Bär." Und dann ging sie fort und kuschelte sich an Papabär.

Brumm war brummig. Nie durfte er aufbleiben. Immer musste er als Erster ins Bett. Missmutig kuschelte er sich in sein Bett aus Moos, Farn und duftendem Heu und sah sehnsuchtsvoll zum Ausgang.

Und wenn er einfach heimlich, still und leise zum Ausgang schlich und draußen noch ein wenig spielte? Vorsichtig schielte er zu seinen Eltern hinüber – die schienen nichts bemerkt zu haben. Der kleine Bär kroch ganz leise aus seinem Bett. Er schlich ganz nah am Boden und sehr vorsichtig bis zum Eingang und – schwupps – schon war er draußen.

Am liebsten hätte Brumm ganz laut „Hurrah!" gerufen. Aber das ging nicht, dann hätten seine Eltern ihn ja gehört. Und so rannte er schnell und leise in den Wald hinein. Brumm fühlte sich groß und stark wie ein Riesenbär. Er konnte schon ganz alleine Nachtausflüge machen. Das war ganz spannend! Nachts sah der Wald ganz anders aus als am Tag, und er hörte sich auch anders an. Alles war geheimnisvoll. Brumm war sehr aufgeregt. Der Mond schickte seine Strahlen zwischen den Blättern der Bäume hindurch auf die Erde, und ein Strahl fiel genau auf Brumms Nasenspitze. Im Mondlicht sah alles verändert aus. Es raschelte, und überall huschten Tiere an dem kleinen Bären vorbei. Aus dem Gebüsch lugte ein großer Dachs hervor. „Na so was, Kleiner, was machst du denn noch hier draußen?", fragte er Brumm. Der stotterte: „Äh, ich geh noch etwas spielen!", und sauste so schnell wie möglich weiter. „Schuuhuuu, schuuhuu!", hörte er hoch über seinem Kopf einen dumpfen Ruf, und zwei riesige Augen sahen ihn aus dem Dunkeln blinzelnd an.

Das gefiel Brumm gar nicht! Wohin er sich auch bewegte – die riesigen, hellen Augen schienen ihm immer zu folgen. „Hallo", sagte er ängstlich, „ich bin Brumm, wer bist du?" Aber das Wesen da oben auf dem Baum sah Brumm weiter mit seinen leuchtenden Augen an, blinzelte träge und sagte kein einziges Wort. Dann streckte es seine riesigen Schwingen aus und glitt lautlos durch die Luft – bis es auf einem Ast ganz in der Nähe landete. „Schuuhuu", tönte es wieder, und das große Tier starrte auf den kleinen Bären hinunter. Brumm wäre am liebsten wieder daheim in der sicheren Höhle bei seinem Papa und bei seiner Mama gewesen! So ein Tier hatte der kleine Bär tagsüber noch nie gesehen. Es sah aus wie ein großer Vogel mit großen, runden Augen und einem kleinen, spitzen Schnabel. Es sah aus, als hätte es eine Brille auf und es konnte den Kopf fast bis auf, den Rücken drehen. Das war unheimlich. Brumm ging hinter dem Stamm eines großen Baumes etwas in Deckung.

Aber weil er ein mutiger, kleiner Bär war, lugte er um den Stamm herum und sprach das große Tier noch einmal an: „Wer bist du? Bist du ein Vogel? Ich bin ein Bär! Ich wohne da hinten in der Bärenhöhle!" „Sohooo", wisperte der Vogel leise, „duhuu bist also ein Bär? Dacht ich mir schohoon! Ich bin Schuhuu, der große Uhu. Nachts bin ich der König des Waldes.

Duhuu bist aber sehr klein für einen Bären, oder?" Klein! Brumm war empört: „Ich bin sogar schon ziemlich groß für mein Alter, sagt mein Papa!" – „Sohoo, ziemlich grohooß bist duhuu? Dabei könnte ich dich packen und mit dir wegfliegen, wenn ich das woholte, du kleiner Bär, duhuu! Aber keine Angst: Ich bin schohoon satt. Und ich fresse überhaupt keine kleinen Bären." Brumm hatte trotzdem große Angst. Das Tier war sehr unheimlich!

40

Aber da hörte er hinter sich plötzlich eine ganz tiefe Brummstimme sagen: „Das ist auch besser so, Schuhuu. Wenn du nämlich meinem kleinen Bärenjungen etwas tun würdest, dann könntest du was erleben!" Brumms Bärenpapa war da! Erleichtert rannte der kleine Bär zu seinem Papa und schmiegte sich an ihn. „Tut mir leid, dass ich heimlich rausgeschlichen bin!", flüsterte er seinem Bärenpapa zu. „Mach das nicht noch mal, du kleines Bärentier, du!", flüsterte sein Vater zurück. Und dann fühlte Brumm, wie die starke Pranke seines Vaters ihn umfing, und er fühlte sich ganz sicher und ganz geborgen. „Also, Uhu, eine gute Nacht wünsche ich dir! Und lass es das nächste Mal sein, kleine Bären zu erschrecken!", sagte der große Bär. Der Uhu schwang sich mit einem beleidigten „Schuhuu!" in die Luft.

„Komm, keines Bärenkind", sagte Papabär, „wir gehen heim, deine Mutter macht sich sonst Sorgen!" „Ja", gähnte Brumm, der inzwischen ganz schön müde war. „Aber Papa, gehst du mit mir irgendwann mal nachts in den Wald?", fragte Brumm. „Wenn du ein lieber Bär bist, dann gehen wir am Samstag", antwortete der Bärenpapa. Und Brumm war der allerglücklichste Bär der Welt.

Eingeschneit

Der Winter nahm dieses Jahr überhaupt kein Ende mehr. Der Schnee fiel fast unaufhörlich vom Himmel. Jeden Tag und jede Nacht.

Das kleine Häuschen am Waldrand, in dem Clara mit ihren Eltern wohnte, war eingeschneit. Clara konnte nicht einmal mehr in den Kindergarten gehen, denn auch die schmale Straße zum Haus war unter dem Schnee verschwunden.

So saß sie am Fenster ihres Zimmers und wartete, bis es aufhörte zu schneien. Dann zog sie sich an und ging mit dem Schlitten hinaus. Doch das Schlittenfahren wurde bald langweilig. Clara stapfte in den Wald hinein, obwohl sie das eigentlich nicht durfte. Aber sie hatte keine Angst. Wer sollte sich bei dem vielen Schnee schon im Wald verstecken?

Im Wald war es vollkommen still. Auch die Tiere hatten sich anscheinend an ein warmes Plätzchen zurückgezogen. Plötzlich stieß Clara mit dem Fuß an etwas Weiches im Schnee.

Was war das? Der Schnee wurde lebendig. Allmählich erkannte sie einen Igel, der sich langsam aus der Schneedecke befreite. Ein Igel? Der musste doch jetzt Winterschlaf halten! Clara wusste das. Ihre Mutter hatte es ihr erzählt, als im Herbst ein Igel durch den

43

Garten gelaufen war. Der Igel war nicht besonders groß und von seiner schwarzen Nase tropfte Wasser. Dann musste er niesen. Clara erschrak zuerst ein bisschen, als sie das komische Geräusch hörte. War der Igel etwa erkältet? Kein Wunder bei dem Wetter! Sie überlegte, was sie tun sollte. Schließlich hatte sie eine Idee und rannte schnell zurück zum Haus, um etwas Stroh zu holen.

Der Igel saß immer noch da, als sie zurückkam. Rasch breitete Clara das Stroh auf dem Schlitten aus und hob den Igel vorsichtig hoch. Sie setzte ihn behutsam in das Stroh. Als er gut zugedeckt war, zog sie den Schlitten aus dem Wald. Dabei schaute sie immer wieder nach dem Igel und bemerkte gar nicht, wie die anderen Tiere im Wald sie beobachteten. Füchse, Hasen, Eichhörnchen und sogar Mäuse reckten ihre Hälse. Sie wollten sehen, was da mit dem Igel passierte. Wohlbehalten erreichten Clara und der kleine Igel schließlich das Haus. Claras Mutter zeigte sich gleich sehr besorgt um den stacheligen Gesellen und machte ihm im Keller ein weiches, warmes Lager aus Stroh zurecht.

Und als Clara abends im Bett lag, freute sie sich schon auf den nächsten Tag. Und auf das Wiedersehen mit ihrem Igel.

Übernachtungsparty

„So, und jetzt geht's ab ins Bett!", rief Sabine und wuschelte Leon durch seinen dunklen Haarschopf. Er und die anderen Kinder aus seiner Kindergarten-gruppe saßen gemütlich in der Kuschelecke des Kin-dergartens. Draußen war es schon ganz dunkel ge-worden. Denn heute würden alle im Kindergarten übernachten: Übernachtungsparty!

Bisher war es richtig lustig und schön gewesen: Zum Abendessen hatte es Pommes frites gegeben. Dann hatten die Kinder alle gespielt und zum Schluss gab es eine tolle Lesestunde.

Im Nebenzimmer waren ganz viele Matratzen aufgebaut und Leon kroch zu seinem kleinen Kuschelhasen
in den Schlafsack. „Hallo, Hase", flüsterte er leise.
Sein Hase sah ein bisschen traurig aus und ließ die
Ohren hängen. Vielleicht vermisste er ja sein Zuhau-
se? Leon nahm ihn fest in den Arm und streichelte den
kleinen Hasenkopf. „Na, ihr beiden", sagte Sabine.
Sie kam vorbei, um allen Kindern Gute Nacht zu sagen. „Seid ihr müde? Oh! Leon, zeig mir doch mal

deinen Hasen. Der sieht aber nett aus! Hallo, Hase,
geht's dir gut?", fragte sie den Hasen und streichelte
ihm das Ohr. „Er hat ein wenig Angst", sagte Leon,

„und würde eigentlich lieber zu Hause schlafen." –
„Angsthase!", rief Kevin, der neben Leon lag. Aber
Sabine nahm den Hasen in den Arm und sagte: „Ich
kannte mal einen kleinen Hasen, dem ging es genauso.
Der wollte auch am liebsten wieder heim, weil er sich
so einsam fühlte – ohne seine Mama. Aber weißt du,
was er gemacht hat? Er hat sich ganz eng an sein Men-
schenkind gekuschelt. Das Kind hat ihn fest in den
Arm genommen. Und dann war alles wieder gut. Der
Hase hatte gar keine Angst mehr und hat sehr gut geschlafen. Und am nächsten Morgen ist er froh und
munter aufgewacht. Sag mal, Leon, kannst du deinen
Hasen nicht auch mal ganz fest in den Arm nehmen?
Komm, leg dich doch mal hin, und ich gebe ihn dir."
Leon nahm seinen Hasen zu sich in den Schlafsack
und hielt ihn zärtlich fest. Er merkte, dass es seinem
Hasen schon viel besser ging. Und so flüsterte er ihm
ins Ohr: „Gute Nacht, kleiner Hase!" Und bald darauf waren beide eingeschlafen.

Der Teddydoktor

Der kleine Kai ging jeden Abend mit seinem Teddy
schlafen. Der Teddy hieß Dudu. Er hatte zottelige
braune Haare und schwarze Knopfaugen. Dudu war
Kais bester Freund. Er war immer und überall dabei.
Deshalb sah Dudu auch nicht mehr aus wie neu.
Als Kai eines Morgens die Augen aufmachte, war sein
ganzes Kopfkissen voller kleiner Stoffflocken. Dann
sah er Dudu. Das Fell des Teddybären hatte am Rücken ein Loch. Kai fing an zu weinen. Er drückte
Dudu ganz fest an sich. Seine Mama kam ins Kinderzimmer und tröstete ihn. „Dudu wird doch wieder gesund, oder?", fragte Kai und schluchzte weiter. „Das
ist nicht so schlimm", sagte seine Mama. Wir bringen
Dudu morgen zum Teddydoktor. Der macht ihn wieder gesund."
Mama und Kai fuhren mit der Straßenbahn in die
Stadt. Der Teddydoktor wohnte in einem großen

Haus im dritten Stock. Mama klingelte an der Tür.
Ein großer, dunkelhaariger Mann machte auf. Er sah
gar nicht aus wie ein Doktor. Er trug auch keinen weißen Kittel. Mama redete mit ihm, und Kai gab dem
Mann seinen Teddybären. „Aha, das ist also Dudu.
Na dann schauen wir mal", sagte er. Daraufhin verschwand der Teddydoktor in einem Zimmer. Als er
zurückkam, war das Loch an Dudus Rücken überhaupt nicht mehr zu sehen. „Na, was sagst du dazu?",
fragte der Teddydoktor Kai. „Prima. Jetzt ist Dudu
wieder wie neu". Kai freute sich und drückte den Bären an sich.
Glücklich fuhr Kai mit seiner Mama und Dudu nach
Hause. „Weißt du, wie der Doktor das gemacht hat?",
wollte Kai von Mama wissen. „Nein. Das hat er mir
nicht verraten", sagte seine Mama. „Ist auch egal",
sagte Kai. „Dudu ist ja wieder heil."

Der Hase und der Wolf

Der kleine Hase Hendrik ging gerne in den Tierkindergarten. Dort hatte er einen allerbesten Freund, den Wolfgang. Wolfgang war zwar ein Wolf, aber das war Hendrik egal. Er mochte Wolfgang. Er war ein netter Kerl, mit dem man gut spielen konnte.

Die Mama von Hendrik sagte oft: „Such dir doch lieber einen Hasen als Freund." Dabei hatte Hendrik seiner Mama schon oft gesagt, dass in seinem Kindergarten nur noch ein anderer Hase war. Und das war Rudi. Mit Rudi konnte man aber nicht spielen. Man konnte mit ihm nicht mal etwas aus Bauklötzen bauen. Rudi warf die Bauwerke der anderen Kinder am allerliebsten um. Das fand Hendrik blöd. So einen Freund wollte er nicht.

Alle Kinder aus dem Tierkindergarten haben schon mal bei ihrem besten Freund geschlafen. Nur Hendrik hatte noch nie bei Wolfgang übernachtet. Dabei hatte er seine Mutter schon so oft darum gebeten. Die Eltern von Wolfgang hatten nichts dagegen. Aber das beruhigte Hendriks Mutter nicht. Sie sagte immer: „Wölfe fressen Hasen. Wenn du da zum Schlafen hingehst, fressen sie dich womöglich auf!"

Einmal im Sommer war die Oma von Hendrik krank. Sie hatte die Grippe. Hendriks Mutter wohnte deshalb so lange bei der Oma, bis sie wieder gesund war. In dieser Zeit kümmerte sich Hendriks Vater um alles. Er machte das Essen, brachte Hendrik in den Kindergarten und er sagte ihm auch, wann er nach Hause kommen solle. Alles, was sonst die Mama machte, war nun Papas Aufgabe.

Da dachte sich Hendrik: Das ist jetzt vielleicht die Chance, bei Wolfgang zu schlafen. Er erzählte seinem Vater, dass Wolfgang sein bester Freund sei. Und dass man mit Wolfgang viele tolle Spiele spielen könne. Er erzählte ihm auch, dass Wolfgangs Mutter sehr nett sei. Und dann fragte er seinen Papa, ob er mal bei Wolfgang schlafen dürfe. Hendriks Vater überlegte kurz. Als er so alt war wie Hendrik jetzt, hatte er oft bei seinem besten Freund geschlafen. Das war immer toll gewesen – und spannend. Also erlaubte er es seinem Sohn.

Am nächsten Tag holte Wolfgangs Mutter die beiden Kinder vom Tierkindergarten ab. Sie fuhren zwei Stationen mit der Waldstraßenbahn. Schon waren sie bei Wolfgang zu Hause. Die beiden Jungs gingen gleich in das Kinderzimmer von Wolfgang und spielten. Sie spielten Karten, sie bauten Türme, sie gingen raus und spielten Fußball. Die Zeit verging wie im Flug. Und als es anfing zu dämmern, holte Wolfgangs Mutter die beiden zum Essen ins Haus.

Hendrik musste kurz an die Worte seiner Mutter denken: Wölfe fressen Hasen.

Also fragte er lieber mal nach: „Was gibt es denn zu essen?" Wolfgangs Mutter antwortete: „Heute gibt es Wolfgangs Lieblingsessen. Das wird dir bestimmt gut schmecken. Lass dich überraschen!"

Hendrik hatte ein etwas mulmiges Gefühl im Bauch. Gemeinsam gingen sie in das Esszimmer. Wolfgangs Papa saß bereits am Tisch. Vor ihm stand ein riesiger Topf.

Wolfgangs Mama nahm den großen Deckel herunter und Hendrik schaute ganz vorsichtig hinein. Puuh! – Er freute sich. Laut sagte er: „Lecker! Es gibt Spaghetti mit Tomatensoße! Das ist auch mein Lieblingsessen!" Alle langten kräftig zu, bis der große Topf ganz leer war. Hendrik, Wolfgang und seine Eltern waren pappsatt. Bei so leckeren Nudeln konnte sich einfach keiner zurückhalten.

Nach dem Essen gingen Wolfgang und Hendrik wieder in das Kinderzimmer und spielten noch ein wenig. Kurz darauf fielen sie wie Steine ins Bett. Sie waren müde vom vielen Spielen und Toben und schliefen sofort ein.

Am nächsten Morgen konnten sie so lange schlafen, wie sie wollten. Schließlich war Wochenende und sie mussten nicht in den Kindergarten.

Nach dem Frühstück kamen dann Hendriks Eltern, um ihren Sohn abzuholen. Sie verstanden sich gleich gut mit Wolfgangs Eltern. Darum machten sie aus, dass am nächsten Wochenende nun Wolfgang bei Hendrik schlafen würde. Die beiden Freunde freuten sich riesig darüber.

Der kleine Elefant

Der kleine Elefant,
Ist überall bekannt.
Er kommt aus Afrika,
Doch war er lang nicht da.
Er wohnt bei uns im Zoo,
Das ist schon ewig so.

Der kleine Elefant,
Der frisst so allerhand.
Ein ganzer Korb voll Brot,
Pflaumen in Blau und Rot,
Pfannkuchen, gleich 60-mal,
Das macht ihn nicht grad schmal.
Dann trinkt er hinterher
Noch 40 Cola leer!

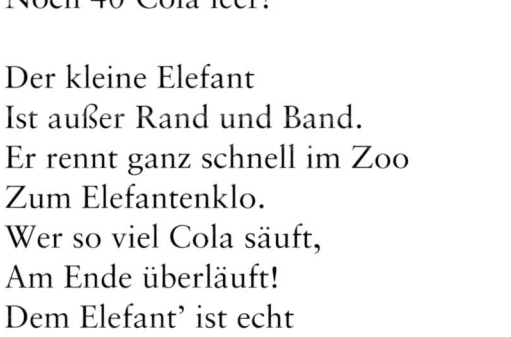

Der kleine Elefant
Ist außer Rand und Band.
Er rennt ganz schnell im Zoo
Zum Elefantenklo.
Wer so viel Cola säuft,
Am Ende überläuft!
Dem Elefant' ist echt
Ganz furchtbar schrecklich schlecht!

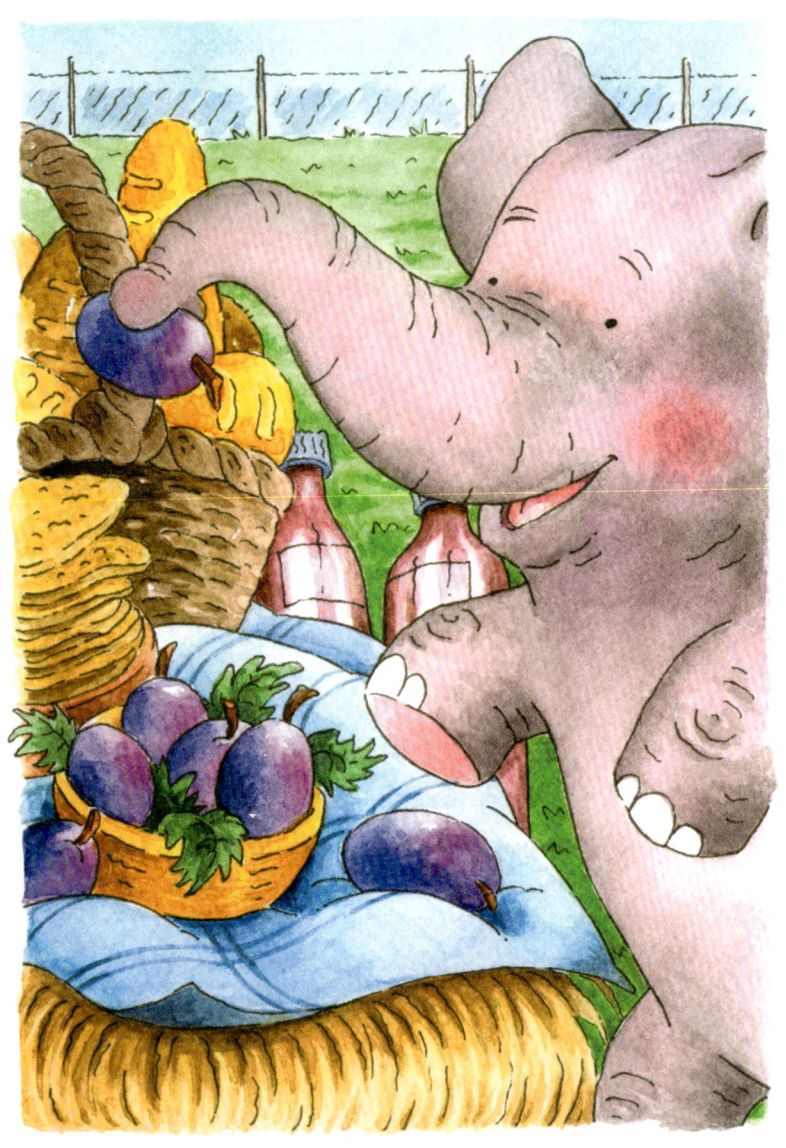

Der kleine Elefant
Hat ziemlich schnell erkannt:
So viel trink ich nie mehr
Und wenns auch Cola wär!
Pfannkuchen, 60 Stück,
Weis ich ab jetzt zurück.
Ich ess nie wieder so viel Sachen,
Die mir schrecklich Bauchweh machen.

Der kleine Elefant
Ist jetzt genug gerannt.
Der Tag war lang und schön.
Jetzt will er schlafen gehn.
Und müde rennt er da
Schnell zu seiner Mama
Und kuschelt sich ins Stroh.
Das machen Eles so!

Schlaf schön, du Elefant, gut Nacht!
Und fröhlich wieder aufgewacht!

Das kleine Ungeheuer

Das kleine Ungeheuer hatte Angst. Seine Hörner waren ganz rot vor Aufregung. Sein blauer Pelz strubbelte in alle Richtungen. Mit seinen großen, glühend gelben Augen sah es sich ängstlich um. Seine Ungeheuermama und sein Ungeheuerpapa waren schon ganz ungeduldig, weil es immer wieder aus seinem Zimmer kam und sich mit in ihr Bett legen wollte. „Du kannst schon alleine schlafen, Uli, du bist doch schon ein großes Ungetüm!", grollte sein Papa. „Ich hab aber Angst", sagte Uli, „unter meinem Bett sitzt ein Mensch!"

Kleine Ungeheuer haben nämlich Angst vor Menschen. Das hättest du nicht gedacht, oder? Aber es stimmt: Wenn du mal ein kleines Ungeheuer treffen solltest, dann denk daran und erschreck es nicht! Wenn sich in irgendeiner dunklen Ecke etwas bewegt, denken kleine Ungeheuer: Hilfe, da ist ein Mensch! Kleine Ungeheuer glauben, dass Menschen gefährlich sind. Menschen sehen auch sehr unheimlich aus, finden kleine Ungeheuer: Sie haben gar kein Fell, sie sind auch nicht blau oder rot oder grün, sie haben keine Hörner und ihre Schnauze sieht ganz komisch aus! Nicht mal einen Schwanz hat so ein Mensch. Die Augen von Menschen sind besonders unheimlich, erzäh-

len sich die kleinen Ungeheuer immer … Sie mögen lieber rote oder gelbe Augen.

Und weil Uli eine solch ungeheure Angst vor Menschen hatte, stand seine Ungeheuermama auf, umarmte ihn mit ihrem großen, schuppigen grünen Schwanz und gab ihm einen Kuss auf seine kleine blaue Schnauze. „Komm, mein Schatz", sagte sie, „ich geh jetzt mit dir ins Schlafzimmer und sehe nach, ob da irgendwo ein Mensch ist. Und dann lasse ich die Tür einen Spalt auf. So fällt ein wenig Licht in dein Zimmer und du kannst uns hören."

Wenn ihr also irgendwann glaubt, da wäre ein Ungeheuer in eurem Zimmer, dann sagt ganz laut: „Keine Angst, Ungeheuer, ich bin ein lieber Mensch und tue dir nichts!" Denn vielleicht hat sich ja der Uli zu euch verlaufen!

Geisterstunde

Jasmin hatte am Abend vor dem Schlafengehen noch einen Zeichentrickfilm mit einem kleinen Gespenst angeschaut. Nun lag sie im Bett und schlief. Plötzlich schreckte sie hoch und hörte die Kirchturmuhr schlagen. Sie zählte die vier Schläge für die volle Stunde. Danach kamen die anderen Schläge mit der tieferen Glocke. Zwölf Mal. Mitternacht. Geisterstunde.

Jasmin hörte, wie etwas in ihrem Kinderzimmer herumlief. Rasch zog sie die Bettdecke über den Kopf, bis nur noch ein kleiner Spalt für die Augen frei war. Das ganze Zimmer schimmerte in einem blauen Licht. Sie sah kleine Gestalten in weißen Tüchern über den

Fußboden huschen. Die Kinderzimmertür öffnete sich wie von Geisterhand und die weißen Tücher schwebten hinaus auf den Flur. Ganz leise und vorsichtig schlüpfte Jasmin aus dem Bett und folgte den Gestalten. Auf dem Flur wimmelte es nur so von Gespenstern. Sie kamen aus allen Zimmern.

Gespannt beobachtete Jasmin, wie sie sich versammelten und die Treppe ins Erdgeschoss hinuntergingen. Auf Zehenspitzen schlich sie ihnen hinterher, als sich eines der Gespenster unverhofft umdrehte. „Da ist ja die kleine Jasmin!", rief das Gespenst, und alle schauten sie an. „Komm schon, tanz mit uns!", sagte ein anderes Gespenst. „Deine Freundinnen sind auch schon hier!" Und tatsächlich. Inmitten all der weißen Gestalten erkannte Jasmin ihre Freundinnen aus dem Kindergarten.

„Jasmin! Jasmin! Willst du denn heute nicht aufstehen?", fragte in diesem Moment eine ganz andere Stimme. Verwirrt schlug sie die Augen auf. Sie blickte in das Gesicht ihrer Mutter. Schade – diese Geisterstunde war nur ein Traum!

63

Die Schlafmaus

Hast du schon einmal eine Schlafmaus gesehen?
Die gibt es überall, man muss nur genau hinsehen.

Wenn du einen ganz hohen Turm gebaut hast, dann
kommt eine Schlafmaus gekrochen und – schwups –
fängst du an zu gähnen.

Wenn du spazieren gehst, kommt eine Schlafmaus gerannt und – schwups – werden deine Beine ganz müde.
Dann müssen Mama und Papa dich tragen.

Wenn du ganz viel getobt hast, kommt die Schlafmaus
leise angeschlichen und – schwups – willst du nur
noch mit deinem Teddy schmusen.
Und wenn du im Bett liegst, kuschelt sich die Schlaf-

maus ganz leise an dich und flüstert: „Gute Nacht,
schlaf schön!" Und – schwups – da schlaft ihr beide
ganz schnell ein.

Nachts im Zoo

Der Tag neigt sich dem Ende zu und draußen wird es dunkel. Die Zoobesucher gehen nach Hause. Die Zoowärter haben Dienstschluss. Nur noch ein Nachtwächter zieht seine Runden und passt auf.

Manche Tiere schlafen schon: Die meisten Vögel haben ihre Köpfe unter die Flügel gesteckt. Einige piepsen leise im Traum. Erst morgen Früh werden die ersten Sonnenstrahlen sie wieder aufwecken. Im Zoo kehrt Ruhe ein – denkst du vielleicht! Die Nachtigall, die ist gerade erst aufgewacht und singt ihr schönstes Lied. Sie gehört zu den Vögeln, die erst am Abend singen. Die Affen liegen eng aneinandergekuschelt im Affenhaus. Ein kleiner Affe schmiegt sich an seine Mama. Affenbabys nuckeln genau wie Menschenbabys am Daumen. Und auch dieser kleine Affe hat seinen Daumen im Mund, wenn er müde wird. Ein großer Affe ist aber noch ganz munter. Er turnt hoch in den Bäumen, schwingt sich von Ast zu Ast, wie der beste Artist der Welt. Jetzt macht er einen großen Satz in die Luft. Und dann hängt er kopfüber von einem Seil hinunter. Mit seinen Zehen hält er sich fest. Das können wir Menschen nicht! Der Elefant steht in seinem Stall und frisst noch ein paar Heuballen. Ein Elefant kann sehr viel fressen: einen Heuballen, ein

67

ganzes Brot und zwei Eimer Wasser sind nur ein kleiner Imbiss für ihn! Bald wird er schlafen gehen. Dann legt er sich im Elefantenhaus auf sein Strohlager. Er macht seine Augen bis morgen Früh zu. Die Fledermäuse sind gerade erst aufgestanden. Den ganzen Tag haben sie verschlafen. Sie hängen kopfüber an den Ästen und lassen sich baumeln. Aber jetzt falten sie ihre

großen Flügel auf und flattern ein paar Runden. Sie haben spitze Ohren und spitze Zähne. Aber sie tun keinem Menschen etwas zuleide. Die Eulen spannen ebenfalls erst am Abend die Flügel aus. Mit ihren großen Augen können sie sogar im Dunkeln alles gut erkennen. Wenn du eine Eule wärst, dann brauchtest du am Abend niemals ein Licht, um dir Bilderbücher anzusehen. Das könntest du dann genauso gut im Dunkeln. „Schuhu!", ruft die Eule und erhebt sich in die Luft. Tief unter sich sieht sie den schwarzen

Panther. Er sieht aus wie ein riesengroßer schwarzer Kater. Der Panther ist auch noch nicht müde. Er reckt sich und leckt sein glänzendes Fell. Den ganzen Tag hat er sich nur ausgeruht. Gemütlich lag er auf einem Baumstamm ausgestreckt. Er hat sich nur gerührt, wenn es unbedingt nötig war. Aber jetzt springt er hoch und will sich endlich bewegen. Blitzschnell rennt er durch sein Gehege. Der Panther springt mit einem Satz auf einen Baum. Im Löwenkäfig ist das Löwenbaby wieder aufgewacht. Die Löwenmama leckt ihm mit ihrer großen, rauen Zunge über die Nase und die Ohren. Das ist ein Löwenkuss. „Schlaf schön ein!", soll das heißen. Aber das Baby hat noch gar keine Lust zu schlafen. Viel lieber möchte es mit den anderen Tieren die Nacht erkunden.

Was ist das für ein seltsames Geräusch? In der Ferne brummt ein Bär ganz tief. Er will endlich schlafen, aber die anderen Tiere machen einen solchen Krach, dass er immer wieder aufwacht.

Der Nachtwächter dreht seine Runde. Er sieht nach, ob es den Tieren gut geht. Er gähnt ein bisschen, weil er langsam müde wird. Aber der Wächter muss trotzdem die ganze Nacht wach bleiben. Wenn man müde ist, ist das ganz schön schwer. Was für ein Glück – wir dürfen schlafen! Darum deck dich gut zu, schlaf ein und träum was Schönes!

Die Kastanienallee

„Papi, ich habe einen!", rief der kleine Joachim. Vor ihm auf dem Waldboden stand ein großer brauner Pilz. Sein Vater kam herbei und betrachtete den Pilz genauer. „Das ist leider schon wieder ein giftiger", meinte er. Der Korb, in dem die beiden eigentlich Pilze sammeln wollten, war immer noch leer.

Dabei stapften sie schon seit über einer Stunde durch den Wald. Als Papa sah, wie enttäuscht Joachim war, sagte er: „Ich glaube, wir gehen zurück zum Auto. Heute finden wir wohl nichts mehr."

Auf der Heimfahrt bog er plötzlich in einen Feldweg ein und fuhr bis zu einer Gruppe großer Kastanien-bäume. „Was machen wir hier?", fragte Joachim ver-wundert. „Das wirst du gleich sehen", antwortete sein Vater. Sie stiegen aus und gingen mit dem Korb zu den riesigen Bäumen.

Rasch hatte der Vater einen dicken Holzprügel gefun-den und schleuderte ihn hoch in eine Baumkrone. Ein Volltreffer! Mindestens fünfzig Kastanien prasselten auf den Boden. Joachim brauchte sie nur aufzusam-meln. Dann rannte er wieder zu seinem Vater, der den Stock nochmals hochwarf. Schon nach zwanzig Mi-nuten war der Pilzkorb bis zum Rand mit wunder-schönen Kastanien gefüllt. Die letzten schob Joachim

noch in seine Hosentaschen. „So, jetzt haben wir statt der Pilze wenigstens einen Korb voll Kastanien“, meinte der Vater, als sie zurück zum Auto gingen.

Zu Hause holte er Zahnstocher aus der Schublade und zeigte Joachim, wie man aus Kastanien alle möglichen Figuren basteln konnte. Sie steckten die Kastanien und Zahnstocher zusammen. Heraus kamen Kamele, Schafe, ein Förster und sogar ein Igel. Bald stand eine ganze Gruppe von kleinen Kastanienmännchen und Kastanientieren auf dem Tisch. Und als Joachim im Bett lag, träumte er die ganze Nacht von seinen Kastanienfiguren.

Hexenhaus um Mitternacht

Im Hexenhaus um Mitternacht
Da ist die Hexe aufgewacht.
„Ich bin so hungrig!", ruft sie laut
Und hat den Kessel aufgebaut.

Die Katze ist auch aufgewacht.
Die kleine Hexe hat gelacht.
„Na, Mäusefänger, nicht so schlimm.
Ich koch uns was – Simsalabim!"

Die Hexe macht das Feuer an,
Damit sie sich was kochen kann.
Am liebsten hätte sie Kakao
Mit ganz viel Zucker drin, genau!

Sie rührt und rührt.
Es kracht und klirrt,
Der Kessel singt,
Die Katze springt.
Der Kessel fällt,
Die Hexe hält
Und sieht voll Schreck:
Die Milch fließt weg!

„Ojemine!
Verschüttet seh
Ich dort die Milch.
Du kleiner frecher Katzenknilch!
Das war nicht nett!
Nun ab ins Bett.
Deck dich gut zu
Und komm zur Ruh.“

Gut Nacht!
Und fröhlich aufgewacht!

Sven auf Traumreise

Sven hatte ein Lieblingsbuch. Das hatte er bestimmt schon hundertmal angesehen, bis plötzlich etwas ganz Verrücktes passierte: Die Figur in seinem Buch wurde plötzlich lebendig! Piet, der Bilderbuchpirat, kam aus dem Buch herausgeklettert, weil er seinen Schatz suchte. Und so lernten sich Sven und der Bilderbuchpirat kennen. Seither gehen sie nachts manchmal auf eine Traumreise.

Als Sven eines Nachts die Augen zumachte, träumte er, er stünde wieder an Deck des Piratenschiffs aus seinem Lieblingsbuch.

„Willkommen auf der ‚Bunten Kuh!‘", begrüßte ihn Piet auf seinem großen Schiff. Sven freute sich: „Ach Piet, wie schön, hier bei dir zu sein!" Der Wind wehte durch seine Haare und sein Schlafanzug flatterte im Wind. Deshalb gab ihm Piet einen warmen Piratenmantel. Sie segelten los. Sie schipperten durch die Südsee, wo es warm und schön ist. Und sie besuchten wunderbare Inseln.

Als sie gerade eine neue Insel betreten hatten, bebte plötzlich der Boden. Alles zitterte und wackelte. Und dann brüllte eine laute, tiefe Stimme: „Halt! Was macht ihr hier auf meiner Insel?" Piet und Sven erschraken ganz schön.

Plötzlich stand direkt vor ihnen ein riesengroßer, wütender Drache! „Entschuldigung, ich wusste ja nicht, dass die Insel dir gehört!", sagte Piet. „Das ist mir egal!", rief der Drache. „Wer auf meine Insel kommt, muss etwas dafür bezahlen. Sonst müsst ihr für immer hierbleiben!" Zum Glück hatte Sven sofort eine Idee:

„Wie wäre es mit einem Kaugummi?", fragte er den
Drachen. Sven hatte nämlich immer einen Kaugummi
einstecken – für den Fall, dass er mal nicht einschlafen
konnte. Sven griff in die Tasche seines Schlafanzugs.
„Kenn ich nicht, gib her!", murmelte der Drache. Er
steckte den Kaugummi in den Mund und guckte ver-
wundert. Und während er noch kaute, sprangen Sven
und Piet schnell in ihr Segelschiff und fuhren davon.
Plötzlich wachte Sven auf. Er lag in seinem Bett und
die Nacht war vorüber.

Der große Kinderball

Heute darf Sophia zum ersten Mal zum Kinderfasching gehen. Sie ist schon ganz aufgeregt, denn sie will unbedingt Prinzessin sein. Mama zieht ihr ein hübsches Kleid an. Sie setzt Sophia eine kleine Krone auf den Kopf und sagt: „So, Sophia. Jetzt bist du eine echte Prinzessin!"

Als sie im Faschingssaal ankommen, sind schon viele andere Kinder mit ihren Eltern da. Alle sind verkleidet. Es gibt Seeräuber und Matrosen, Cowboys und Indianer, Clowns, Hexen und natürlich auch noch andere Prinzessinnen. Auf der Bühne spielt eine Band

Musik. Die meisten Kinder hüpfen und tanzen vor der Bühne. Plötzlich ruft jemand laut: „Polonäse!" Alle Kinder stellen sich hintereinander auf. Sie fassen sich an den Schultern und laufen durch den Saal. Auch Sophia macht mit. Sie laufen um alle Tische herum und

sogar über die Bühne. Dann macht die Musik eine Pause. Sophia ist ganz verschwitzt vom vielen Tanzen. Durstig trinkt sie eine kalte Limonade. Sie isst einen Berliner und einen Schokokuss. „Mmm, lecker", schmatzt Sophia.

Als die Band wieder spielt, rennt sie rasch nach vorne zu den anderen Kindern.

Auf einmal springt ein Clown auf die Bühne. Er geht ans Mikrofon und ruft: „Hallo, liebe Kinder – alle mal herhören: Jetzt spielen wir Wurstschnappen!"

Gespannt schauen die Kinder zu, wie der Clown eine Tüte mit Würstchen aus der Hosentasche zieht. Er holt eine lange Holzstange und bindet das erste Würstchen mit einer Schnur daran fest. Dann hält er die Stange hoch über die Köpfe der Kinder und lässt das

Würstchen baumeln. Ein kleiner Cowboy springt auf und greift mit der Hand nach dem Würstchen. „Nein, nein!", ruft der Clown. „Ihr dürft nur mit dem Mund danach schnappen!" Dann wird es richtig lustig. Jedes Kind springt mit offenem Mund hoch, wenn das Würstchen über ihm hängt. Sophia versucht es natürlich auch. Aber erst beim dritten Würstchen hat sie Glück und kann es mit den Zähnen schnappen. Der Clown ruft: „Bravo, Prinzessin!" Stolz rennt Sophia

mit dem Würstchen zu ihrer Mama. Nach vielen weiteren Spielen und Tänzen ist die Feier vorüber. Sophia ist erschöpft und fällt zu Hause hundemüde in ihr kuscheliges Bett.

Das Krokodil am Nil

Das kleine Krokodil
Wohnt ganz weit weg, am Nil.
Es schwimmt herum den ganzen Tag
Und planscht, so viel es will.

Das kleine Krokodil
Hat große Zähne, davon viel.
Es schnappt mit seinem Riesenmaul
Sich alles, was es will.

Das kleine Krokodil
Einfach nicht schlafen will!
Es zappelt immer hin und her
Und liegt einfach nicht still!

Komm, kleines Krokodil,
Schlaf ein und werde still.
Komm, kuschle dich nur an geschwind
Und schlaf so ruhig wie dieses Kind,
Das jetzt auch schlafen will.

Hatschi!

Es war schon spät am Abend. Doch der kleine Kevin konnte nicht einschlafen. Plötzlich spürte er ein heftiges Kribbeln in der Nase. „Hatschi!", nieste er und wieder und noch einmal: „Hatschi!" Nun war das Kitzeln in der Nase weg. Kevin rieb sich die Augen und schaute verwundert, denn auf der Fensterbank saß ein kleiner Kerl. Er war ungefähr so groß wie sein Teddybär. Er trug eine blaue Zipfelmütze und ein langes blaues Hemd. Er baumelte mit seinen Beinen und grinste ihn frech an: „Du hast mich gerufen, weil du nicht schlafen kannst? Dagegen kann ich etwas tun. Ich bin nämlich der kleine Sandmann."

Der Winzling hüpfte zu Kevin und gab ihm mit seinem kleinen Zeigefinger einen Stups auf die Nase. Schon spürte Kevin, wie seine Augenlider schwer wurden. Er gähnte herzhaft und der Sandmann wisperte ihm zu: „Schlaf gut. Wenn du mich wieder brauchst, niese dreimal kräftig hintereinander. Dann tippe ich dir auf die Nase und – schwuppdiwupp! – schon schläfst du ein."

Der Sandmann hüpfte aus dem Fenster und Kevin schlief bereits wie ein Murmeltier.

Klaus, der Hase

Ein kleiner Hase namens Klaus,
Der liebte es zu rennen.
Er hopste, tollte durch das Haus –
Ihr werdet das ja kennen.
Saß niemals fünf Minuten still,
Das konnte er nicht leiden.
Genau wie seine Schwester Lill.
Das war was mit den beiden!

Sie rannten mal fünf Stunden lang
Und jagten ihre Schwänze.
Dann sausten sie auf einen Hang
Und übten wilde Tänze.
Doch endlich war es nun genug:
Sie flitzten schnell zur Truhe,
Holten sich einen Bettbezug
Und gaben erst mal Ruhe.

Der kleine Hasenjunge Klaus,
Der reckte seine Pfoten
Und Schwester Lill streckte sich aus
Und rollte sich zum Knoten.
Dann machten sie die Augen zu
Und fingen an zu träumen.
Und endlich schlafen sie in Ruh,
Weil sie ja nichts versäumen.

Brunos Abenteuer

Bruno, der kleine Waldschrat, lebte ganz allein tief im dunklen Wald.

Eines Nachmittags beschloss er, an den Waldrand zu gehen. Er wollte den Sonnenuntergang beobachten, von dem ihm der Hase Hoppel erzählt hatte.

Munter spazierte er los. Nach zwei Stunden war er endlich am Waldrand angekommen. Vor ihm lag die große grüne Wiese. Der Bauer hatte sie frisch gemäht und es duftete nach Heu.

Die Sonne verschwand allmählich hinter dem kleinen Hügel. Sie war bereits orange gefärbt und sah aus wie ein Feuerball. Langsam wurde sie rot. Und schließlich ging sie ganz unter. Das sah sehr schön aus. Und es machte Bruno glücklich.

Plötzlich fiel Bruno aber ein, dass er noch einen weiten Heimweg vor sich hatte. Also ging er los. Er sah viele verschiedene Tiere: Hasen, Heuschrecken, Käfer, einen Fuchs und aus der Ferne sogar ein Wildschwein. Der kleine Zwerg lief hastig durch den Wald, als ihm auf einmal ein Eichhörnchen begegnete. Eilig hüpfte es von Baum zu Baum. Bruno bekam langsam Angst. Hatte er sich verirrt? Der kleine Waldschrat setzte sich auf einen Baumstumpf. Er begann laut zu weinen. Das Eichhörnchen hopste zu ihm hinüber. „Hallo", sagte es. „Ich bin Fips. Kann ich dir helfen?" Bruno schluchzte. Er erzählte ihm, dass er sich verlaufen habe und nicht mehr nach Hause finde. Fips tröstete ihn: „Mach dir keine Sorgen. Du kommst einfach mit zu mir. Und morgen, wenn es wieder hell ist, bringe ich dich heim." Bruno nickte erleichtert. Dann kletterte er auf den Rücken des Eichhörnchens.

Bald hatten sie das Nest von Fips erreicht. Bruno und das Eichhörnchen kuschelten sich eng aneinander und waren schnell eingeschlafen.

Die Ärgermaus

Lisa und Björn sind Geschwister. Lisa ist jetzt zwei Jahre alt. Björn ist schon sechs Jahre. Lisa liegt in ihrem Bett und sieht sich ihr Lieblingsbilderbuch an. Björn liegt auch im Bett, aber er sieht sich gar nichts an. Er ist schlecht gelaunt. Und weil Björn so eine schlechte Laune hat, fängt er an, Lisa zu ärgern.

„Du kannst ja noch nicht mal lesen!", sagt er. „Du bist klein und doof!" Jetzt ist Lisa auch sauer. „Gar nicht klein und doof!", ruft sie und streckt Björn die Zunge raus. „Mama", ruft Björn, „Lisa streckt mir die Zunge raus!" – „Gar nicht!", schreit Lisa. „Mama, der Björn ärgert mich!" – „Gar nicht", ruft jetzt Björn, „ich habe gar nichts gemacht!"

Die Tür geht auf und Mama kommt herein. „Na, ihr Rabauken", sagt sie und lacht, „was ist denn mit euch los? Hat euch die Ärgermaus gebissen?" Björn und Lisa staunen. „Was soll das denn sein?", fragt Björn. „Na", sagt Mama und setzt sich auf einen Stuhl zwischen Lisa und Björn, „die Ärgermaus lebt in Zimmern, in denen Geschwister miteinander wohnen. Da schleicht sie sich ein und wartet, bis die Kinder ganz brav im Bett liegen. Dann tapselt sie heimlich zu den Kindern und flüstert ihnen ins Ohr: ‚Los, ärger mal deine Schwester oder deinen Bruder!' Und dann freut

sie sich, wenn sich die Kinder streiten. Sie rennt immer hin und her und flüstert beiden Kindern zu: ‚Los, nicht aufhören, weitermachen!‘ So geht das, bis die Kinder zur Ärgermaus sagen: ‚Schluss jetzt, ich will mich gar nicht streiten.‘ Und dann muss sie ganz kleinlaut in ihrem Mauseloch verschwinden. Also, war eine Ärgermaus hier bei euch?“ Björn und Lisa sehen sich an. „Ich glaub schon, und jetzt hab ich gar keine Lust mehr zum Streiten“, sagt Björn. Und Lisa sagt: „Ich auch nicht!“ – „Fein“, meint Mama, „dann muss die Ärgermaus wieder in ihr Loch und meine Kinder wieder ins Bett. Nun schlaft schön!“ Björn und Lisa bekommen beide einen Kuss. Ihre Mama macht das Licht aus.

Und du?
Du könntest jetzt eigentlich auch schlafen!
Gute Nacht, und lass dich bloß nicht von der kleinen Ärgermaus beißen!

Mümmel schafft das!

Alle Osterhasen lachten! Mümmel wäre am liebsten ins nächste Erdloch gehoppelt, so sehr schämte er sich. „Seht euch den an!", grölten die anderen Osterhasen. „Der schafft es nie: lauter schwarze Ostereier! Jedes Jahr dasselbe." Sie fielen fast um vor Lachen. Alle zeigten auf Mümmel.

Von überall her kamen die Osterhasen angehoppelt. In jedem Korb und in jedem Nest lagen lauter wunderschöne bunte Ostereier: Nur in Mümmels Korb waren alle Eier pechschwarz oder dreckig braun. Mümmel fühlte, wie ihm die Tränen herunterliefen. Immer ich!, dachte er ganz traurig. Denn jedes Jahr passierte dasselbe: Mümmel malte wie alle Hasen seine Eier an. Er malte und malte, nahm alle bunten Farben: Rot, Blau, Gelb, Braun, Grün, Lila, Rosa. Er fing mit einer Farbe an. Dann malte er darüber die nächste Farbe und wieder die nächste und wieder die nächste. Mümmel malte und malte. Aber am Ende waren seine Eier immer schwarz. Alle anderen Hasen lachten ihn aus: „Seht euch den an: Wer will schon schwarze Eier zu Ostern?"

Mümmel war traurig. Er hatte kein einziges buntes Ei! Was sollte er nur machen? Mümmel schniefte und schluchzte leise vor sich hin. Plötzlich sprang er erschrocken hoch. Fast hätte er ein großes weißes Huhn umgerannt, das jetzt erschrocken gackerte. „Was ist denn mir dir los, kleiner Hase?", fragte das Huhn. Mümmel setzte sich hin und sagte traurig: „Alle lachen mich aus, weil meine Eier immer nur schwarz werden!" Da fragte das Huhn: „Warum machst du sie nicht einfach bunt?" – „Weil ich nicht weiß wie – und die anderen sagen es mir nicht!", sagte Mümmel ganz verzweifelt. Das Huhn gackerte: „Das ist gar nicht schwer! Wir Hühner legen die Eier. Wir wissen alles über sie! Komm mit!" Mümmel hoppelte hinter dem Huhn her. Ob die Henne ihm wirklich helfen konnte? „Ich heiße Mümmel, wie heißt du denn?", fragte er das Huhn. „Ich bin die Henne Herta", bekam er zur Antwort. Im Hühnerstall saßen ganz viele Hühner auf Nestern oder spazierten hin und her und pickten Körner und Würmer. „Hallo, Mädels!", rief Herta, „hier ist ein kleiner Hase, der Eier bunt bemalen möchte. Da können wir ihm doch helfen, oder?" – „Gagagack", machte es überall, „klar helfen wir ihm!" Ein kleines schwarzes Huhn kam angerannt und gackerte aufgeregt: „Komm mit, Hase, ich zeige dir, wie man Eier gelb färbt!" Herta drückte dem Hasen einen großen Korb mit weißen Eiern in die Pfoten. Sie gingen auf eine Wiese mit Butterblumen und das kleine

schwarze Huhn sagte: „Sieh dich ganz genau um: Was siehst du?" Mümmel sah sich um. Überall leuchteten die schönen gelben Butterblumen und der Löwenzahn streckte seine gelben Köpfe in die Luft. „So", sagte das Huhn, „jetzt holst du deinen Malkasten hervor und malst die Eier so, wie die Blumen auf der Wiese aussehen!" Und Mümmel holte Pinsel und Farben heraus und malte ganz viele Eier leuchtend gelb an. Ganz nach seiner Gewohnheit wollte er dann anfangen, das erste gelbe Ei wieder mit einer weiteren Farbe zu übermalen. Aber da rief das Huhn: „Nein, immer nur die Farbe, die du siehst!", und tippelte weiter. Mümmel blieb nichts anderes übrig, als hinterherzuhoppeln. Und als sie einige Zeit gegangen waren, standen sie mitten in einem großen Feld mit blauen Kornblumen und Veilchen. Das war eine Pracht! Blau, so weit das Auge reichte! Wieder forderte das Huhn den kleinen Hasen auf zu malen, was er sah. Und wieder malte Mümmel weiße Eier in den schönsten und leuchtendsten Blautönen an.

Als er wieder beginnen wollte, die blauen Eier rot zu übermalen, rief das Huhn: „Nein, nein, nur, was du siehst!", und tippelte weiter. So blieben sie an vielen

Wiesen und Feldern stehen und Mümmel malte: An einer grünen Wiese malte er grasgrüne Eier, an einem Feld mit roten Tulpen feuerrote, bei den blühenden Apfelbäumen malte er Eier in Rosa und Weiß. Und plötzlich hatte Mümmel Lust, noch mehr zu malen, was er sah. Auf ein Ei malte er ein Bild von dem kleinen schwarzen Huhn, auf ein anderes malte er eine Osterglocke, auf ein drittes lauter Blüten und auf das nächste die Sonne und Wolken. Immer weiter malte Mümmel, bis alle seine Eier bunt waren. Die hättet ihr mal sehen sollen: Mümmel hatte die schönsten Ostereier gemalt. Und als er mit dem Korb zurück auf die Wiese kam, da staunten alle anderen Osterhasen. Und keiner lachte ihn mehr aus! Im Gegenteil: Der oberste Osterhase nahm die Eier, auf die Mümmel Bilder, Blumen und Landschaften gemalt hatte, ganz vorsichtig in die Pfoten und sagte: „Mümmel, du hast die allerschönsten Ostereier gemalt, die ich je gesehen habe!" Und alle Hasen klatschten Beifall, sodass Mümmel vor Stolz ganz rot wurde.

Tja, so hat Mümmel das Malen gelernt. Jetzt ab ins Bett und träum schön von Mümmel und seinen kunterbunten Ostereiern.

Schlaf ein

Der Mond sieht herein
Und blinzelt dir zu
Und flüstert: „Schlaf ein!
Ganz müde bist du!"
Der Tag ist zu Ende,
Er will jetzt auch ruh'n
Und deine zwei Hände
Woll'n auch nichts mehr tun.

Die Augen sind schwer
Und schlafen fast ein.
Der Mund sagt nichts mehr,
Will ganz stille sein.
Schlaf ein, kleine Maus,
Und träum schön des Nachts.
Nun ruh dich gut aus,
Bis du wieder erwachst.

99

Der Vollmond wacht

Spät am Abend geht der Mond auf. Er ist heute kugelrund und sieht aus wie ein lachendes Gesicht. Man kann sogar erkennen, wie er die Augen verzieht. Aber nur, wenn man ganz genau hinschaut.

Wenn Vollmond ist, ist es draußen heller als sonst. Jetzt kann der Mond auch viel besser aufpassen, was in der Nacht so alles passiert. Er sieht, wie die Tiere, die tagsüber schlafen, durch den Wald laufen. Auch die Menschen kann er beobachten.

Heute schaut der Mond in das Fenster der kleinen Bettina. Er sieht sie im Bett liegen und scheint ihr mitten ins Gesicht. Davon wacht Bettina plötzlich auf. Sie wundert sich. „Ist es etwa schon Morgen?", flüstert sie leise. Dann entdeckt sie die helle Kugel draußen am Himmel. Sie schlüpft aus ihrem Bettchen und geht ans Fenster. Der Vollmond sieht aus, als hätte er einen Mund, zwei Augen und eine Nase.

Hat er ihr eben gerade zugezwinkert? Sie winkt ihm durch das Fenster zu und geht wieder geschwind ins Bett. Bettina kuschelt sich unter ihre warme Decke und guckt noch ein bisschen zum Fenster hinüber. Bevor ihr die müden Augen zufallen, sieht sie noch, wie der Mond sie anlächelt.

101

Auf Nachtwanderung

Die kleine graue Maus
Geht nachts nicht aus dem Haus.

Nur einmal, so um Mitternacht,
Da ist sie gerade aufgewacht.

Schnappt sie sich Hut und Schal
Und wandert raus ins Tal.

Warum sie heute anders handelt?
Weil sie wohl im Schlafe wandelt!

Am nächsten Morgen jedenfalls
Trägt sie den Schal noch um den Hals.

Sie wundert sich: „Ein Schal im Bett?"
Erinnerung fehlt ihr komplett.

Von ihrem Ausflug bleibt ihr nur:
Im Schnee die Füße – eine Spur!

Der Lesewicht

Abend ist es schon im Wald
Und die Tiere kommen bald,
Weil es Zeit ist für den Wicht,
Der im hellen Sternenlicht
Aus dem Buch Geschichten liest.

Abenteuer, tolle Sachen,
Die die Buchfiguren machen –
All das steht darin geschrieben,
So wie es die Tiere lieben
Und gern erleben würden.

Schnecke und Käfer hören zu
Und die Mäuse geben Ruh,
Denn der kleine Lesewicht
Mag eine Unterbrechung nicht –
Das macht ihn ganz schnell wild.

Wenn wirklich jemand ihn dann stört,
Hat er es scheinbar nicht gehört.
Doch klappt der Wicht sodann im Nu
Sein Buch mit lautem Knallen zu –
Die Lesestunde ist vorbei!

Hella träumt

Hella wird plötzlich mitten in der Nacht wach. Sie hat schlecht geträumt. Sie macht die Augen auf und schaut umher. Es ist ganz dunkel in ihrem Zimmer. Sie blickt zum Fenster hinüber. Dort bewegt sich doch etwas! Was kann das sein? Hella fürchtet sich ein bisschen. „Mama!", ruft sie ganz laut und fängt an zu weinen. „Mama, es ist so unheimlich im Dunkeln." Und da kommt ihre Mama auch schon ins Zimmer. Sie nimmt Hella in den Arm und streichelt ihren Kopf. Leise flüstert sie Hella ins Ohr: „Meine kleine Hella, hab keine Angst mehr. Ich bin bei dir und passe auf dich auf!" Mamas Atem ist ganz warm und in ihren Armen fühlt sich Hella sicher und geborgen. „Ich hab schlimm geträumt. Und da war etwas am Fenster!", sagt Hella. „Hier am Fenster?", fragt ihre Mama „Na, da sehe ich mal gleich nach!" Ihre Mama geht zum Fenster. Sie zieht die Gardine zurück und macht das Fenster auf. Dann schaut sie hinaus, macht das Fenster wieder zu und sagt: „Nein, mein Schatz. Sei unbesorgt. Hier ist nichts." Und dann setzt sie sich noch eine Weile an Hellas Bett und singt ihr Lieblingsschlaflied vor: „Weißt du, wie viel Sternlein stehen ..."

Danach steht Mama auf, gibt Hella noch einen dicken
Kuss auf die Backe und sagt: „Ich lasse die Tür einen
Spalt auf und das Licht im Flur an. Dann kannst du
uns hören und wir hören dich. Schlaf jetzt gut und
träum diesmal was ganz Schönes. Was möchtest du
denn gerne träumen?" – „Von einer kleinen Katze",
flüstert Hella ganz müde, „das wäre schön." Und wie
sie es sich wünschte, hat Hella in dieser Nacht von
einer kleinen Katze geträumt.

Der Schnuller

Jeden Abend liest Mama der kleinen Lisa eine schöne Einschlafgeschichte vor. Dabei lutscht Lisa besonders gern an ihrem Schnuller. Denn ohne Schnuller kann Lisa nicht gut einschlafen.

Heute liest Lisas Mama die Geschichte vom Zauberer vor. Der Zauberer ist ein alter Mann mit weißem Haar. Er trägt einen langen Mantel. Der Zauberer hat einen funkelnden Zauberstab und einen großen Hut. Er besucht alle Kinder, die an ihren Schnullern lutschen. Für jedes Kind hat der Zauberer ein Geschenk dabei. Dafür geben ihm die Kinder ihre Schnuller. Dann wünscht der Zauberer allen Kindern eine gute Nacht und verschwindet ganz leise.

Die Mama gibt Lisa einen Gutenachtkuss. Lisa schläft schnell ein.

Am nächsten Morgen macht Lisa ihre Augen auf. Was ist denn das? Vor ihr stehen ja Geschenke: eine Schokolade und ein Zauberstab!

Nun kann Lisa auch zaubern: Sie braucht keinen Schnuller mehr.

Wo ist Teddy?

Janna kann ihren Teddy nicht finden.
Wo ist er nur? Kannst du ihn sehen?

Ist er vielleicht unter das Bett gefallen?
Nein, unter dem Bett ist er nicht!

Ist er vielleicht in den Schaukelstuhl geklettert?
Nein, da ist er nicht!

Liegt er vielleicht im Kühlschrank?
Nein, im Kühlschrank ist er nicht!

Oder ist er vielleicht im Hamsterkäfig?
Nein, beim Hamster ist er nicht!

Da ist er ja! Der Teddy sitzt in Jannas Rucksack.
So, Teddy, jetzt geht's ab ins Bett!
Gute Nacht und träum was Schönes!

Woher die Träume kommen

Jeden Abend macht sich der Sandmann auf die Reise. Er füllt seinen Sack mit Schlafsand. Wenn er ein Kind damit bestreut, wird es sofort müde und schläft ganz schnell ein. Der Sandmann sieht in seinem dicken Buch nach, wann du ins Bett gebracht wirst. Und dann steigt er auf eine Reisewolke. Damit können Sandmänner fliegen! Und schon saust er auf der Wolke los. Heimlich, still und leise schwebt er heran. Und ohne dass du es merkst, streut er etwas Schlafsand in dein Zimmer. Dann wartet er noch ein bisschen vor deinem Fenster, bis du eingeschlafen bist, und schickt dir einen schönen Traum.

Wie er das macht? Ganz einfach: Er hat einen kleinen Kasten mit Traumsternen dabei. Wenn er ihn öffnet, schwebt sofort ein wunderschöner kleiner Traumstern hervor. Der quetscht sich dann vorsichtig durchs Fenster, schwebt zu deinem Bett hinüber und flüstert dir ganz leise deinen Traum ins Ohr. Dann lächelt der Sandmann vor dem Fenster. Und wenn er sieht, dass alles gut ist und du schön träumst, fliegt er ganz leise weiter zum nächsten Kind, das müde ist.

Alles schläft

Am Abend schließt das Känguru
Vor Müdigkeit die Augen zu.

Und auch das kleine Frettchen
Liegt schon in seinem Bettchen.

Wo kommt denn wohl das Schnarchen her?
Sieh da – es ist der Pandabär.

Und selbst das Faultier schlummert still,
Weil's morgen wieder faul sein will.

Ich wünsch euch allen: „Gute Nacht!"
Das große Licht wird ausgemacht.

Und morgen Früh wird's wieder hell,
Ihr werdet sehn, das geht ganz schnell.

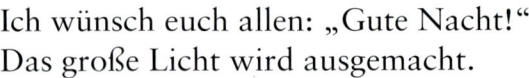

Die Affen im Zoo

Es ist Sonntag. Mama, Papa, Marie und Florian fahren mit dem Bus zum Zoo. Sie holen sich Eintrittskarten und gehen durch das große Tor hinein. Auf dem Weg durch den Zoo sehen sie viele Tiere. Sie bewundern die Elefanten. Die großen Tiere schwingen ihre Rüssel hin und her. In einem Wasserbecken schwimmen Robben lustig auf und ab. Auf Felsen ruhen sich Eisbären aus und die Giraffen knabbern Blätter von hohen Bäumen.

Florian, Marie und ihre Eltern gehen immer weiter. Sie kommen an ein großes Freigehege. Dort liegen die Affen in der Sonne. Ein Affenbaby springt um seine Mutter herum. Dann hängt es sich an ihren Bauch. Größere Affenkinder toben über Baumstämme. Sie klettern schnell die Bäume hoch und jagen sich. Dabei rufen sie und machen witzige Geräusche. Einige Affen schaukeln kopfüber an den Ästen. Das sieht sehr lustig aus. Und manche Affen kommen sogar ganz nah an die Glasscheibe. Sie fassen gegen das Glas und machen lustige Gesichter. Ein Affe streckt seine lange Zunge raus. Da muss Marie lachen. Dann kommt ein Wärter. Nun beobachten die Kinder das Füttern der Affen. Der Wärter geht mit einem großen Futterkorb in das Gehege. Die Affen laufen zu ihm und holen sich

schnell die Bananen. In die leeren Futterschalen legt der Wärter dann Apfelstücke hinein. Während die Affen noch fressen, zeigen Papa und Mama auf ein Haus. Darin sind die ganz kleinen Affenbabys. Sofort wollen Marie und Florian mit ihren Eltern dorthin. Im Haus dürfen Marie und Florian die Affenbabys sogar streicheln. Ein Wärter gibt Marie eine Babyflasche. Sie darf ein kleines Affenkind damit füttern. Vorsichtig hält sie dem Affenbaby die Flasche hin. Das Baby schmatzt beim Trinken. Und dann wird das Baby ganz müde und gähnt. Es kuschelt sich in die Arme des Wärters. Das kleine Äffchen braucht jetzt etwas Ruhe. Florian und Marie verabschieden sich von dem Wärter.

Sie freuen sich schon jetzt auf den nächsten Besuch im Zoo. Und ganz besonders auf die Babys im Affenhaus.

Die Blumenelfe

An einem schönen Morgen lief Mia durch die Blumen-
wiese hinter ihrem Haus. Die Sonne schien warm und
Mia rannte durch das hohe Gras mit den vielen Blüten. Sie lief immer im Kreis, bis ihr ganz schwindlig
wurde. Plumps! – ließ sie sich ins Gras fallen. Die Hal-
me kitzelten ihr Gesicht und die vielen bunten Blüten
dufteten himmlisch. Mia wälzte sich auf den Bauch.
Sie stützte die Arme auf und sah sich die Blüten ganz
genau an, bis sie etwas Seltsames bemerkte. Da in den
großen roten Blüten vor ihr bewegte sich etwas. Etwas
Kleines, Buntes. Ob das ein Tier war? Eine Libelle
vielleicht oder eine Raupe? Mia kniete sich vor die
Blüte, um alles ganz genau zu sehen. Da schaute sie
ein winziges Gesicht an! Vor lauter Schreck bekam
Mia Schluckauf und saß nun hicksend und staunend
im Gras. In der Blüte saß ein ganz kleines Mädchen
und schaute erschrocken zu Mia hoch! Mia rieb sich
die Augen, und das winzige Kind in der Blume sprang
auf und hob abwehrend beide Hände. „Auweia, du
darfst mich gar nicht sehen, Menschenkind!", rief das
Blütenmädchen verzweifelt. Mia schüttelte verblüfft
den Kopf. Das Blütenmädchen konnte sogar reden!
„Wer bist du denn?", fragte sie die kleine Gestalt. „Eigentlich darf ich das niemandem erzählen. Aber du

hast mich jetzt ja sowieso schon entdeckt. Ich glaube, ich erzähle dir alles. Ich bin nämlich eine Blumenelfe", antwortete das winzige Mädchen, „und ich heiße Lila. Wir Blumenelfen wohnen in den Blüten und passen auf sie auf. Und wer bist du?", fragte die Elfe. „Ich heiße Mia", sagte Mia aufgeregt. „Ich wusste gar nicht, dass es Blumenelfen gibt!" Da flüsterte die Elfe: „Ich habe ja gesagt, dass das niemand wissen soll! Es ist ein Geheimnis! Wir Elfen haben Angst vor euch Menschen. Deshalb möchten wir nicht entdeckt werden. Und weil du mich jetzt gesehen hast, bitte ich dich, niemandem etwas zu verraten." – „Ich verrate niemals Geheimnisse", sagte Mia. „Wollen wir Freundinnen sein?" Die kleine Blumenelfe strahlte über das ganze Gesicht. „Oh ja, gern!", rief sie. „Ich wollte schon lange eine Freundin haben!"
Und seither treffen sich Mia und Lila fast jeden Tag und spielen miteinander. Sie haben viel Spaß zusammen. Und es gibt viele Spiele, die Elfen und Menschen miteinander spielen können. Verstecken zum Beispiel – da sind die Elfen besser. Und Wettrennen – da gewinnt meistens Mia. Das sind die Lieblingsspiele der beiden Freundinnen.

Wenn du also morgen Früh hinausgehst und irgendwo Blumen siehst, dann sei vorsichtig. Vielleicht wohnen in ihnen ja auch Blumenelfen!

Südwind

Der Südwind, der ist weit gereist,
Er war sogar in Afrika.
Dort ist es heiß, denn dort scheint meist
Die Sonne, fast das ganze Jahr!

Der Südwind hat im Urwald dort
Den Affen Max vom Baum geweht.
Der hielt sich mit dem Schwanz sofort
Am Ast fest, was bei Affen geht.

Heut Abend ist der Südwind hier
Und weht ganz sacht zum Fenster rein.
Von Afrika erzählt er dir
Und flüstert leise: „Komm, schlaf ein."